AF305483

IMPRIMERIE MAULDE ET RENOU

A MAULDE & Cie

IMPRIMEURS DE LA COMPAGNIE DES COMMISSAIRES-PRISEURS

Rue de Rivoli, 144

COLLECTION AUGUSTE VITU

TABLEAUX ANCIENS

ET MODERNES

MINIATURES, DESSINS, AQUARELLES

OBJETS D'ART

Meubles, Bronzes, Faïences, Porcelaines

BIJOUX

VENTE

HOTEL DES COMMISSAIRES-PRISEURS

Salle n° 3

Les 30 Novembre, 1er, 2, 4 et 5 Décembre 1891

A DEUX HEURES

Par le ministère de **M⁰ MOTEL**, Commissaire-Priseur
rue Rossini, 3

Assisté de **M. B. LASQUIN**, Expert, rue Laffitte, 12

EXPOSITION PUBLIQUE

Le Dimanche 29 Novembre 1891, de 1 heure 1/2 à 5 heures 1/2

Collection

Auguste Vitu

ESTAMPES

(N° 108)

CATALOGUE

D'ESTAMPES

HISTORIQUES

PORTRAITS DE LOUIS XVI, MARIE-ANTOINETTE

Et de la Famille Royale

ACTEURS ET ACTRICES

COSTUMES DU XVIIIe SIÈCLE

Pièces sur la Révolution

NAPOLÉON Ier ET SA FAMILLE

COMPOSANT LA COLLECTION

De Feu M. AUGUSTE VITU

Et dépendant de sa Succession

DONT LA VENTE AURA LIEU

HOTEL DES VENTES, RUE DROUOT

SALLE N° 3

Le Jeudi 3 Décembre 1891

A DEUX HEURES

Par le ministère de Me **MOTEL**, Commissaire-Priseur,
rue Rossini, 3

Assisté de **M. DUPONT** aîné, Marchand d'Estampes
rue de Seine, 21

PARIS — 1891

CONDITIONS DE LA VENTE

———

Elle aura lieu au comptant.

Les Acquéreurs paieront CINQ POUR CENT en sus du prix d'adjudication, applicables aux frais.

M. DUPONT se réserve la faculté de réunir ou de diviser les lots.

L'ordre du Catalogue sera suivi

A. MAULDE et Cie, imprimeurs de la Compagnie des Commissaires-Priseurs, rue de Rivoli, 144.   3oo—18541

DÉSIGNATION

ESTAMPES

1 **Alix** (P.-M.). Le prince Eugène de Beauharnais, in-fol. Très belle épreuve en couleur, avant toutes lettres.

2 — Le général Berthier, d'après Le Gros, in-fol. Très belle épreuve en couleur, grandes marges.

3 — Michel Lepelletier. Très belle épreuve en couleur, grandes marges.

4 — Honoré - Gabriel Mirabeau. Très belle épreuve en couleur, marge.

5 — Napoléon Ier dans le costume du sacre, in-4. Belle épreuve en couleur, sans marge.

6 — Dubus de Préville, acteur ; au-dessous : des scènes de ses principaux rôles, in-4. Très belle épreuve en couleur, marge.

7 — Mme Saint-Aubin, du théâtre de l'Opéra-Comique ; avec une scène au-dessous, in-4. Épreuve en couleur, sans marge.

8 **Alix** (P.-M.). Jean-Jacques Rousseau. — Voltaire,
d'après Garneray. Deux pièces, très belles épreuves
en couleur, grandes marges.

9 **Allais.** Kléber, en pied, d'après Boilly, in-fol. Très
belle épreuve.

10 **Anselin.** Mme de Pompadour, en jardinière, d'après
Vanloo. Belle épreuve.

11 **Audouin** (P.). Napoléon le Grand. — Marie-Louise,
impératrice, in-fol. Deux pièces, très belles épreuves,
toutes marges.

12 **Baléchou.** Portrait de la Popelinière, d'après Vigée,
in-fol. Belle épreuve. Rare.

13 **Bartolozzi** (F.). Mlle Casentini, actrice, in-8. Très
belle épreuve, grandes marges.

14 — Le général Elliott, gouverneur de Gibraltar, in-fol.
Très belle épreuve.

15 — L.-J. de Bourbon, prince de Condé, d'après
Mme de Tott, in-fol. Belle épreuve.

16 **Basan** (à Paris, chez). A Bonaparte, pacificateur. —
— Hommage à l'Empereur, frontispice, d'après
Monnet, in-fol. Deux pièces, belles épreuves.

17 **Basset** (à Paris, chez). Portrait de Charlotte Corday
tenant un poignard, in-8. Très belle épreuve.

18 **Beauvarlet** (J.). Le comte d'Artois enfant et sa sœur,
d'après Drouais, in-fol. Belle épreuve.

19 — Portrait de Molière, d'après Sébastien Bourdon,
in-fol. Belle épreuve, collée en plein.

20 **Bligny** (à Paris, chez). Denis de Chanet Desessarts,
acteur, in-4. Belle épreuve, coloriée.

21 **Boilly** (L.). Réunion d'artistes, par A. Clément,
in-fol. Belle épreuve ; avec la légende explicative.

22 **Boizot** (M.-L.). Marie-Antoinette, reine de France. Très belle épreuve, marge.

23 — La comtesse de Provence, in-4. Très belle épreuve.

24 **Boizot** (D'après). La Liberté, par la cit. Lingée. — L'Égalité, par Gautier et la cit. Demonchy. — La Vertu, par la cit. Rollet. Suite de quatre pièces, très belles épreuves en couleur, toute marge.

25 **Bouchardon.** Cris de Paris, par Fessard; première et seconde suites. Vingt-quatre pièces, très belles épreuves.

26 —- Études d'après nature, gravées à l'eau-forte. Suite de six pièces, belles épreuves.

27 **Boutelou** (L.). Caroline, reine de Naples, in-4. Très belle épreuve en couleur, toute marge.

28 **Brion.** Assassinat de J.-P. Marat. — Assassinat de Lepelletier Saint-Fargeau, in-fol. Deux pièces, très belles épreuves.

29 **Broockshaw.** Louis-Auguste, dauphin de France, in-fol. Très belle épreuve, avant la lettre.

30 **Calamatta.** Masque de Napoléon, dessiné à Sainte-Hélène, in-fol. Très belle épreuve sur chine, toute marge.

31 **Callot** (J.). Vues de Paris, prises du Pont-Neuf. — La Foire de Gondreville. Trois pièces.

32 — Les Gueux. Vingt-une pièces.

33 **Carmontelle.** Pas de deux dansé par Dauberval et Mlle Allard, par Tilliard. Belle épreuve.

34 **Cathelin.** Marie-Antoinette, reine de France, d'après Frédou, in-fol. Très belle épreuve.

35 **Chapuy** (J.-B.). Le comte de Cagliostro, d'après Brion de Latour, in-4. Très belle épreuve en couleur. — Plus un portrait de Mme la comtesse de Cagliostro, publié à Londres.

36 **Chardin**. Le Principe des Arts. — L'Amusement utile, par C. Magimel. Deux pièces, très belles épreuves, grandes marges.

37 — La Gouvernante. — La Pourvoyeuse, par Lépicié. Deux pièces, très belles épreuves.

38 **Charlet** et **Jaime.** Scènes des mémorables Journées des 27, 28, 29 Juillet 1830. Paris, Gihaut, in-fol. Suite des quatre pièces sur chine, avec la couverture, en un vol.; cart.

39 **Cheesman**. Louis XVII, in-12. Deux épreuves, dont une avant toutes lettres tirée en bleu.

40 **Claussin** (J.). Marie-Antoinette, reine de France, rond in-8. Epreuve avant la lettre. Rare.

41 **Cochin** (C.-N.). Portrait de Mme Favart, par Flipart, in-8. Très belle épreuve avant les mots : *Frontispice du Tome V.*

42 — Le même Portrait. Très belle épreuve, toute marge.

43 — Marie-Antoinette confie le Dauphin à la France, par de Longueil. Belle épreuve.

44 — Eugénie ou la Noblesse, frontispice par J.-F. Rousseau, in-8. Très belle épreuve.

45 — Le duc d'Orléans, frontispice des *Pierres gravées*, in-4. Deux épreuves, dont une·très belle.

46 **Colibert** (N.). J.-M. Roland, ministre de l'intérieur, in-fol. Belle épreuve.

47 **Coqueret.** Vue de la Galerie du Palais-Royal, d'après Garbizza. Belle épreuve.

48 **Costumes**. Costumes par Desrais et Leclerc, in-4. Six pièces, très belles épreuves.

49 — Costumes en pied d'après Desrais, Pugin, Defraine et autres, in-8. Trente et une pièces, très belles épreuves coloriées.

50 **Costumes**. Coiffures, par Desrais. Trente-cinq pièces

51 — Divers Habillements suivant le costume d'Italie,
par J.-B. Greuze, in-fol. Dix-huit pièces et un frontispice.

52 — Costumes du Sacre de Louis XVI, par Patas, in-8.
Trente-six pièces, belles épreuves.

53 — Costume parisien, de l'an VII à l'an X. Quatre-
vingt-douze pièces coloriées, toute marge.

54 **Coutellier**. Mlle Colombe, l'aînée, de la Comédie
Italienne. Belle épreuve en couleur.

55 — Mlle Julien, de la Comédie Italienne. Belle épreuve
en couleur.

56 — Mlle Maillard, de l'Académie royale de musique.
Très belle épreuve en couleur.

57 — Joseph Ménier. — Michu, de la Comédie Italienne.
Deux pièces, belles épreuves en couleur.

58 — Mlle Olivier, dans le rôle de *Chérubin*, du Mariage
de Figaro. Très belle épreuve en couleur, très grandes
marges.

59 **Coypel** (A.). L'Hymen de Bacchus et d'Ariane, par
Duflos. Très belle épreuve, toute marge.

60 **Curtis** (J.). Louis XVI, roi de France, d'après Boze.
— Marie-Antoinette, d'après Dufroe, in-fol. Deux
pièces, très belles épreuves en couleur, marge.

61 **Daullé** (J.). Mme Favart, dans le rôle de *Bastienne*,
d'après Vanloo, in-fol. Belle épreuve.

62 — Louis-Philippe d'Orléans, duc de Chartres, d'après
Belle, in-fol. Très belle épreuve, grandes marges.

63 — Jean-Baptiste Rousseau, d'après Aved, in-fol. Très
belle épreuve avant la lettre (le nom écrit à l'encre).

64 **Delacroix** (Eug.). Faust, suite de dix-huit pièces, et
un portrait, in-fol. Belles épreuves.

65 **Demortain** (A Paris, chez). Première et deuxième représentation de la Cérémonie du Sacre du roi Louis XV, dans l'église de Reims, le 25 octobre 1722, in-fol. Deux pièces, très belles épreuves.

66 **Devaux**. Marie-Thérèse de Villette, femme Laruette. —Angélique Drouin, femme Préville, en pied, d'après Simonet. Deux pièces, très belles épreuves.

67 **Divers.** Jeune Fille tenant un oiseau, petit médaillon rond. Belle épreuve en couleur.

68 — Marie-Antoinette, reine de France, de profil, avec une haute coiffure, in-4. Très belle épreuve en couleur, grandes marges.

69 — Louis XVI, roi de France, gravé à la manière du lavis; au-dessous : la Scène de sa mort, in-fol. Épreuve avant toutes lettres, grandes marges.

70 — Camée représentant Marie-Antoinette avec cette devise : le Vice la calomnie, la Vertu la soutient, in-8. Très belle épreuve, toute marge.

71 — Testament de Louis XVI, avec portraits, in-fol. Deux pièces, très belles épreuves.

72 — Madame Élisabeth de France, médaillon rond, in-8. Très belle épreuve, gouachée.

73 — Le Marquis de La Fayette, commandant général de la Garde Nationale parisienne, sans noms d'auteurs, in-fol. Belle épreuve.

74 — Allégorie, avec portrait de Mirabeau, sans noms d'auteurs, in-fol. Très belle épreuve, marge.

75 — Portrait de Voltaire, en calligraphie, in-fol. Dessin à la plume lavé d'aquarelle.

76 — Portrait de Drouet, maître de poste de Sainte-Ménehould, in-8. Belle épreuve. Rare.

77 **Divers**. Le capitaine Cook; au-dessous : sa mort tragique au mois de février 1779. — Thomas Payne, in-8. Deux pièces, très belles épreuves, toutes marges.

78 — Portrait de Joséphine de Beauharnais, petit médaillon ovale. — Mme Bonaparte, in-8. Deux pièces, belles épreuves en couleur. — Plus un très petit Portrait de Bonaparte, par Bonneville.

79 — Portrait de Mme Tallien, en pied, in-fol. Très belle épreuve. Rare.

80 — Portrait de Mlle Vanhove, de la Comédie Française, in-8. Belle épreuve, coloriée.

81 — Portraits exacts des Conspirateurs chargés par le Gouvernement britannique d'attenter aux jours du premier consul, in-fol. Belle épreuve coloriée.

82 **Drevet** (P.). Marie duchesse de Nemours, d'après Rigaud. Belle épreuve.

83 — Samuel Bernard, conseiller d'État, en pied, d'après Rigaud. Très belle épreuve, marge.

84 — Le grand Dauphin. — Le prince de Dombes. — Louis, duc d'Orléans. — Maria Serre, mère de H. Rigaud. Cinq pièces.

85 **Duchaine** (à Paris chez). Mme la comtesse du Barry, petit in-4. Très belle épreuve, marge.

86 **Dupin**. Mlle Contat, rôle de Suzanne, dans le *Mariage de Figaro*, d'après Desrais, in-8. Très belle épreuve, toute marge.

87 — Voltaire couronné par Mlle Clairon, d'après Desrais, in-fol. Très belle épreuve.

88 **Dupin** et **Lebeau**. Marie-Antoinette, reine de France, in-8. Deux pièces, belles épreuves.

89 **Duret** (P.). Christian VII, roi de Danemark et de Norwège, in-4. Très belle épreuve.

90 **Eisen** (Ch.). Le Midi. — L'Après-Midi. — Le Bal champêtre, par de Longueil. Trois pièces, très belles épreuves.

91 — Le Soir, par de Longueil. Eau forte pure. Rare.

92 **Esnault** et **Rapilly** (chez). Charles Geneviève d'Éon de Beaumont, capitaine de dragons, in-8. Trois portraits différents. Belles épreuves.

93 **Ficquet** (Et.). Portrait de Molière, d'après Coypel, in-8. Belle épreuve.

94 **Garneray**. Frédéric, baron de Trenck, in-fol. Belle épreuve en couleur.

95 **Gaucher** (C.-S.). Jean-Paul-André de Saint-Marc, d'après Danloux, in-8. Très belle épreuve avant que la figure ait été modifiée.

96 **Gheyn** (J. de). Henri de Bourbon, roi de France et de Navarre, in-12. Très belle épreuve. Rare.

97 **Gibelin** (E.-A.). La Coalition. — L'Unisson, in-4. Deux pièces, belles épreuves.

98 **Goltzius** (H.). Porte-Drapeau. — Hallebardier, par J. de Gheyn. Deux pièces, belles épreuves.

99 **Grignon**. Françoise de Neuville, fille du duc de Villeroy, in-fol. Très belle épreuve.

100 **Guyot**. Jean-Jacques Rousseau, en pied, à Ermenonville. Belle épreuve en couleur.

101 **Heideloff**. Louis XVI et sa Famille, médaillon rond, in-8. Belle épreuve, en bistre.

102 **Henriquel-Dupont**. Portrait de Molière, en pied, in-4. Deux très belles épreuves sur Chine dont une avant toutes lettres.

103 **Hodges** (C.). Le général Bonaparte, in-fol. Très belle épreuve.

104 **Hodges** (C.). Le général Pichegru, in-fol. Très belle épreuve.

105 **Hourdain** et **Bollinger.** Louis XVII. — Marie--Thérèse-Charlotte de France. — Le duc d'Angoulême, in-8. Quatre pièces, très belles épreuves, dont deux en bistre.

106 **Isabey** (J.). Salle d'exhibition de J. Isabey à Londres, par Bennett. Belle épreuve coloriée.

107 — Portraits tirés du sacre de Napoléon Ier, in-fol. Sept pièces avant la lettre.

108 **Isabey** (à Paris chez). Le Cœur de la nation ; portraits de Marie-Antoinette, tenant sur ses genoux le premier Dauphin. Très belle épreuve.

109 **Janinet.** Bacchanale, d'après Caresme. Très belle épreuve en couleur.

110 — Projet d'un Palais de législature, d'après F. Gilbert. Belle épreuve en couleur, marge.

111 **Jean** (à Paris, chez). Sacre de Napoléon Ier dans l'Église Notre-Dame de Paris, in-fol. Belle épreuve coloriée, sans marge.

112 **Kauffman** (Ang.). Louise Hammond, assise dans un paysage, par Pariset. Belle épreuve à la sanguine.

113 **Lalanne** (Maxime). Vue de Paris, prise du pont de la Concorde, grand in-fol. Belle épreuve, avec dédicace signée.

114 **Lasne** (Michel). Michel de l'Hôpital, chancelier de France, in-fol. Très belle épreuve.

115 **Lavreince** (N.). Les apprêts du ballet, par Tresca. Très rare épreuve à l'eau-forte pure.

116 **Le Beau.** Marie-Antoinette, reine de France, avec une haute coiffure, in-8. Très belle épreuve, grandes marges.

117 **Le Beau.** Marie-Antoinette, d'après Mauperin, in-8. Très belle épreuve.

118 — Mme la comtesse Du Barry, d'après Marilly, in-8. Très belle épreuve, avant le numéro.

119 — Autre Portrait de la comtesse Du Barry, sans noms d'artistes, in-8. Très belle épreuve, marges.

120 — Mme la Marquise de Pompadour, d'après Quéverdo, in-8. Très belle épreuve, marges.

121 **Lebeau** et **Hubert.** Mme Élisabeth, d'après Fontaine. — La comtesse d'Artois, d'après Ferdink, in-8. Deux pièces, très belles épreuves.

122 — La comtesse de Provence, in-8. Deux pièces, belles épreuves.

123 **Lebert.** Marie-Antoinette, sœur de l'Empereur, d'après Kernoscki, in-8. Très belle épreuve.

124 **Le Cœur.** Vue du Jardin du Palais-Royal, ovale. — Autre vue de forme carrée, in-fol. Deux pièces, très belles épreuves; la dernière est à l'eau-forte pure.

125 **Le Grand** (Aug.). Joseph Arné, grenadier de la Compagnie de Réfuvelles ; au-dessous : l'arrestation du Gouverneur de la Bastille. Très belle épreuve en couleur.

126 **Le Mire** (N.). Le général Washington, en pied, près de son cheval, d'après Le Paon, in-fol. Très belle épreuve.

127 **Leroy** (J.). Déclaration des Droits de l'homme et du citoyen, d'après Lagrénée. Belle épreuve.

128 **Le Vachez** (à Paris, chez). L.-J. de Bourbon, prince de Condé. — Le comte et la comtesse d'Artois; médaillons ronds, in-8. Deux pièces, belles épreuves.

129 **Lévêque** (H.). Le duc de Wellington, en pied, in-fol.
Belle épreuve.

130 **Lingée** (C.-L.). Mlle Raucour ; au-dessous : une
scène de *Mithridate*, d'après Freudeberg et Moreau
le jeune, in-fol. Très belle épreuve, grandes marges.

131 **Longhi** (J.). Bonaparte à Arcole, d'après Le Gros,
in-fol. Belle épreuve.

132 **Malgo** (S.). La princesse de Lamballe, assise et écri-
vant, d'après Hickel, grand in-fol. Très belle épreuve,
marge.

133 **Mansfeld** (J.). Élisabeth Wilhelmine, princesse de
Wurtemberg, in-8. Très belle épreuve.

134 **Marcenay** (de). Victor Riquetti, marquis de Mirabeau, d'après Aved, in-fol. Très belle épreuve
marges.

135 **Martini.** Coup d'œil exact de l'arrangement des
peintures au Salon du Louvre en 1785. Très belle
épreuve.

136 — Exposition au Salon du Louvre en 1787. Très
belle épreuve.

137 — Allégorie sur la Naissance du Dauphin, in-fol.
Belle épreuve avant toutes lettres.

138 **Massol.** Charlotte Corday dans sa prison ; au-dessous : l'assassinat de Marat, d'après Quéverdo, in-8.
Très belle épreuve en couleur, grandes marges.

139 **Miger.** Dubois-Crancé, député au baillage de Vitry,
d'après David. — J.-Fr. Delacroix, député d'Eure-
et-Loir, d'après La Neuville, in-4. Deux pièces, très
belles épreuves.

140 **Moitte.** Jean Restout, peintre, d'après La Tour,
in-fol. Belle épreuve.

141 **Mondhare** (à Paris, chez). Louis XVI. — Marie-Antoinette, en pied, en grand costume, in-fol. Deux pièces, très belles épreuves coloriées.

142 **Monnet** (Ch.). Journées mémorables de la Révolution, par Helman. Quinze pièces, en un vol. cart.

143 — Estampes de la même suite. Dix pièces, toutes marges.

144 **Moreau** le jeune. Au roi. — A la reine, par **N. Le** Mire. Deux pièces, très belles épreuves, marges.

145 — Le Festin royal. — Le Bal masqué. Deux pièces, belles épreuves.

146 — Louis XV, entête de page pour la description de son mausolée, par N. De Launay, in-8. Deux épreuves, dont une à l'eau-forte pure.

147 — Le docteur Guillotin, par B.-L. Prevost, in-8. Très belle épreuve.

148 — Portrait de J.-B. de La Borde, d'après Denon, in-4. Très belle épreuve.

149 — Ouverture des États Généraux à Versailles, le 5 mai 1789.— Constitution de l'Assemblée Nationale. Deux pièces, très belles épreuves avec la liste des Députés, qui a été supprimée dans le tirage postérieur.

150 — Hommages rendus à Voltaire sur le Théâtre Français le 30 mars 1778, par Gaucher. Belle épreuve.

151 — Arrivée de J.-J. Rousseau aux Champs-Elysées. — Réception de de Voltaire aux Champs-Elysées, par Macret. Deux pièces.

152 **Morret**. Louis d'Assas, capitaine au régiment d'Auvergne, in-4. Très belle épreuve en couleur, grandes marges.

153 **Müller** (J.-G.). Louise-Elisabeth Vigée-Lebrun, d'après elle-même, in-fol. Très belle épreuve, toute marge.

154 — Portrait de Jean-Georges Wille, d'après Greuze. Très belle épreuve, toute marge.

155 **Nattier**. Mme Adélaïde de France (*L'Air*), par Beauvarlet. — Louise-Elisabeth de France (*La Terre*), par Baléchou. — Mme Victoire de France (*L'Eau*), par R. Gaillard. — Marie-Henriette de France (*Le Feu*), par J. Tardieu, in-fol. Suite de quatre pièces, belles épreuves.

156 — La Force (Portrait de Mme de Châteauroux), par Baléchou, in-fol. Très belle épreuve, marge.

157 **Née** et **Masquelier**. Le Déjeuné de Ferney. — Le Lever du philosophe de Ferney, in-4. Deux pièces, belles épreuves.

158 **Nochez** (J.). Jean-Jacques Rousseau, coiffé du bonnet arménien, d'après Ramsay, in-fol. Très belle épreuve.

159 **Norblin**. Œuvre de J.-P. Norblin, composée de soixante-dix-sept pièces. Très belles épreuves sur chine volant.

160 **Ostade**. Œuvres d'Adrien van Ostade. Soixante-une pièces.

161 **Paterre**. Le Glouton, conte de La Fontaine, in-fol. Belle épreuve.

162 — La Danse, par Fillœul. — L'Amour et le Badinage, par le même. — L'Essai du Bain, par Voyez. Trois pièces, belles épreuves.

163 **Pauquet** (L.). Bossuet en pied, d'après Rigaud, in-8. Trois épreuves dont une à l'eau-forte pure.

164 **Pélicier** (J.). Convalescence de Louis XIV. —
Mariage du duc de Bourgogne. — Inauguration de
la Place Louis XV. — Minerve annonce la Paix à la
Ville de Paris, in-fol. Suite de quatre pièces avant
toutes lettres, non entièrement terminées.

165 **Pfeiffer** (C.). Mme la princesse de Liechtenstein,
d'après Grassy, in-4. Très belle épreuve, imprimée
en bistre, grandes marges.

166 **Phélippeaux** et **Vérité.** Isidore Agasse. — Beau-
lieu, acteur, d'après Bauzil. Deux pièces en couleur
toute marge.

167 **Picart** (B.). Henri Frison, prince d'Orange, en tête
de page. Très belle épreuve avant le texte au verso.

168 **Picquet.** François de Molière, sieur d'Essertines,
d'après Du Monstier, in-8. Très belle épreuve,
grandes marges. Rare.

169 **Pièces historiques.** Représentation des fêtes données par la Ville de Strasbourg, pour la convalescence
du roi, en octobre 1744, in-fol. Un vol. rel. parch.,
texte gravé, planches. Mouillé.

170 — Fêtes publiques données par la Ville de Paris à
l'occasion du mariage de Monseigneur le Dauphin,
les 23 et 26 février 1765, in-fol. Un vol. dérelié,
texte gravé, planches en très belles épreuves.

171 — Fête publique donnée par la Ville de Paris, à
l'occasion du mariage de Monseigneur le Dauphin,
le 13 février 1767, in-fol. Un vol. dérelié, texte
gravé, planches ; légèrement mouillé dans les marges.

172 — La Valeur récompensée à la prise de Grenade, le
4 juillet 1779, grand in-fol. Très belle épreuve avant
toutes lettres.

173 **Pièces historiques.** Cérémonie du Sacre de Napoléon Ier dans l'église Notre-Dame, à Paris, grand in-fol. Épreuve avant toutes lettres.

174 — Cérémonies du Sacre et du Couronnement de Napoléon Ier et de son auguste épouse, in-fol. Un vol. br., texte et planches.

175 **Pompadour** (Mme de). Vénus et Adonis. — Bacchanale. Deux pièces, belles épreuves.

176 **Pruneau.** Rosalie Levasseur, de l'Académie royale de musique, d'après Dumont, in-4. Très belle épreuve avant toutes lettres, marge.

177 **Quénedey.** Famille de Charles IV, roi d'Espagne ; six petits Médaillons sur la même planche. Très belle épreuve en couleur.

178 — Portraits de l'époque de la Révolution. Quatre pièces, très belles épreuves en couleur.

179 — Portraits de Femmes, avec noms. Vingt-trois pièces, très belles épreuves.

180 — Musiciens. Six pièces, très belles épreuves dont deux avant la lettre.

181 — Portraits divers. Quinze pièces.

182 **Révolution** (Pièces sur la). Vue de la barrière des Champs-Élysées, le jour de la Suppression des Octrois, in-fol. Très belle épreuve en couleur.

183 — Les Femmes révolutionnaires ou Jacobines ; peintures à l'huile collée sur bristol, dans le genre de Boilly. Pièce très curieuse ; au-dessous une légende manuscrite.

184 — Jeu de la Révolution française, en forme de jeu d'oie, grand in-fol. Très belle épreuve coloriée.

185 — Pierre Ancise (à Lyon) rendu aux citoyens en août 1789, in-fol. Belle épreuve, imprimée en bistre.

186 **Révolution** (Pièces sur la). Louis le Faux, entre le
Père Duchesne et Jean Bart. Très belle épreuve,
toute marge.

187 — Caricatures sur Louis XVI et les Aristocrates.
Dix pièces, la plupart coloriées.

188 — Congrès des rois coalisés ou les Tyrans. — La
contre-révolution. — Les formes acerbes. — La
Révolution française. — La Fête à la vieillesse. —
Feuille d'assignats, in-fol. Sept pièces.

189 — Gare aux faux pas. — Les grenouilles qui deman-
dent un roi. — Résultat du pacte fédératif; caricatures sur Lafayette et Bailly, maire de Paris. Trois
pièces, très belles épreuves. Rares.

190 — Grand convoi funèbre de leurs Majestés les Jaco-
bins. — Grand retour du ministre Linotte. — Cari-
cature sur le duc d'Orléans. Trois pièces, dont une
coloriée.

191 — Jeune française allant au Champ-de-Mars faire
l'exercice. — Françaises devenues libres. Deux pièces
coloriées, toute marge.

192 — Marat, vainqueur de l'Aristocratie. Belle épreuve.

193 — Petite pièce ronde représentant des assignats, avec
les portraits de Lafayette, Mirabeau, Bailly et autres,
in-12. Belle épreuve en couleur. Rare.

194 — Caricatures sur Lafayette et Mirabeau. Neuf
pièces coloriées.

195 — Caricatures sur Mirabeau. Six pièces en noir et
en couleur.

196 — Allégories sur Necker. Trois pièces, belles
épreuves.

197 — Scènes de la Révolution. Quatre pièces à l'eau-
forte pure.

198 — Scènes de la Révolution, gravées par Vinkèles,
in-4. Quatre-vingt-treize pièces.

199 **Révolution** (Pièces sur la). Portraits par Levachez et Duplessis-Bertaux, tirés des *Tableaux de la Révolution française*, in-fol. Quarante-quatre pièces, très belles épreuves.

200 — Portraits de personnages de la Révolution, par Bonneville et Fiésinger. Cent dix-huit pièces.

201 — Caricatures diverses. Dix-neuf pièces, la plupart coloriées.

202 **Ribera.** Livre de portraicture, gravé à l'eau-forte, par Louis Ferdinand. Cahier de vingt-quatre pièces, très belles épreuves.

203 **Ribera** et **Tiépolo.** Eaux-fortes diverses. Onze pièces, belles épreuves.

204 **Romanet** (A.). Louis-François de Bourbon, prince de Conti, d'après Le Tellier, in-fol. Très belle épreuve.

205 — Julie de Villeneuve Vence-de-Saint-Vincent, in-4. Très belle épreuve.

206 **Rosalba** (La). Les Saisons, par Franqueville. Suite de quatre pièces, belles épreuves.

207 **Ruotte.** La princesse de Lamballe, d'après Danloux. — Autre, publiée chez Massard, in-8. Deux pièces, belles épreuves.

208 — Louis-Napoléon, roi de Hollande, in-fol. Belle épreuve, grandes marges.

209 **Saint-Aubin** (A. de). Le Bal paré. —Le Concert, par Duclos. Epreuves sans marge, en partie coloriées.

210 — La famille du duc de Penthièvre, d'après Le Peintre, in-fol. Très belle épreuve, avant la lettre.

211 — Benjamin Franklin, d'après Cochin, in-4. Très belle épreuve, marge.

212 — Sophie Le Couteulx du Moley, d'après Cochin, in-4. Très belle épreuve, marge.

213 **Saint-Aubin** (A. de). Le Kain, acteur, d'après Le Noir, in-fol. Épreuve avant la lettre, glomisée.

214 **Schenker.** Louis XVI, d'après Boze. — Marie-Antoinette, d'après Mᵐᵉ Le Brun. Deux pièces, belles épreuves.

215 **Schiavonetti.** La Séparation de Louis XVI de sa famille. — Le Jugement et l'Exécution de Louis XVI. d'après Benazech, in-fol. Quatre pièces, très belles épreuves.

216 — Mort de Jean-Paul Marat, d'après Pellegrini. Très belle épreuve.

217 **Slodtz.** Bal de mai donné à Versailles pendant le carnaval de l'année 1763, par F.-N. Martinet. Ancienne et très belle épreuve, marge.

218 **Smith** (J.-R.). Le duc d'Orléans, en pied, d'après Joshua Reynolds, grand in-fol. Très belle épreuve.

219 **Surugue.** Portrait d'une Actrice, d'après La Tour, in-fol. Très belle épreuve.

220 **Tardieu** (A.). Marie-Antoinette, en vestale, d'après F. Dumont. Epreuve avant la lettre, grandes marges.

221 — Paul Barras, en pied, d'après Hilaire Ledru, in-fol. Très belle épreuve, lettres grises.

222 **Turner** (Ch.). Louis XVIII, roi de France. — La duchesse d'Angoulême. — Le duc d'Angoulême, d'après Huet-Villiers, in-fol. Trois pièces, très belles épreuves avant toutes lettres.

223 **Vangélisty.** Le comte de Vergennes, d'après Callet, in-fol. Très belle épreuve.

224 **Vanloo.** Etienne-François duc de Choiseul, par Fessard, in-fol. Belle épreuve.

225 **Villeneuve** (à Paris chez). Le Trium-Gueusat; portraits de l'Empereur d'Autriche, du Roi de Prusse et du duc de Brunswich, médaillon dans une lanterne, in-fol. Très belle épreuve, toute marge.

226 **Villeneuve.** Le père Duchesne, médaillon ovale, in-8. Belle épreuve en couleur sur fond rouge.

227 **Watson** (C.). Catherine II, impératrice de Russie, d'après Roslin. Très belle épreuve, marge.

228 **Watteau** (Ant.). Antoine de la Roque, par Lépicié. Belle épreuve.

229 **Wille** (J.-G.). Le maréchal de Saxe, d'après Rigaud, in-fol. Très belle épreuve.

230 **Gravures diverses.** Estampes de l'École ancienne. Vingt-neuf pièces.

231 — Allégories et Costumes du xviiie siècle. Trente-quatre pièces en noir et en couleur.

232 — Eaux-Fortes par Sébastien Bourdon et Gérard de Lairesse. Trente-deux pièces, très belles épreuves.

233 — Compositions tirées de l'*Enéide*, gravées par Van Thulden, d'après Le Primatice. Quarante-sept pièces.

234 — Sujets de la Vie de François Desrues, in-4. Quarante-deux pièces.

235 — Eaux-Fortes modernes par Didier, Flameng, Legros, Manet et Ribot. Cinq pièces, très belles épreuves.

236 — Menus, Invitations. Neuf pièces.

237 — Portraits par Cochin, Saint-Aubin, Le Beau, Choffard. Vingt-neuf pièces.

238 — Portraits par Ficquet, Savart, De Marcenay, Gaucher. Treize pièces.

239 — Louis XVI, Marie-Antoinette et le Dauphin. Quinze pièces.

240 — Famille des Bourbons. Cinquante-cinq pièces.

241 — Personnages du Procès du Collier. Huit pièces.

242 — Portraits de Napoléon Ier et de sa Famille. Vingt-quatre pièces.

243 **Gravures diverses.** Portraits et Documents sur Napoléon III, l'Impératrice et le Prince impérial. Vingt et une pièces.

244 — Portraits et Costumes de la suite de Bonnart. Trente et une pièces.

245 — Portraits de la suite de Montcornet. Vingt-six pièces.

246 — Portraits de Femmes, anciens. Dix pièces.

247 — Portraits anciens, in-4 et in-8. Trente-trois pièces.

248 — Portraits anciens. Quatorze pièces en couleur.

249 — Portraits anciens, in-fol. Quarante-quatre pièces.

250 — Portraits modernes. Dix-sept pièces avant et avec la lettre.

251 — Portraits anciens et modernes. Deux portefeuilles contenant environ trois cents pièces.

252 — Plan de Paris sous le règne de Henri II, publié par la Société de l'Histoire de Paris. Chez Champion, 1877, grand in-fol. en huit feuilles. Deux exemplaires.

253 — Plans de Paris, Documents et Vues diverses. Un portefeuille contenant environ cinquante pièces.

254 — L'Œuvre des Peintres-Verriers français, par Lucien Magne. Paris, Didot, 1885. — Les plus anciens Monuments de la langue française, par Gaston Paris, in-fol. Deux albums de planches.

255 — Gravures diverses. Un portefeuille contenant environ cent cinquante pièces.

256 — Les Portefeuilles de la Collection.

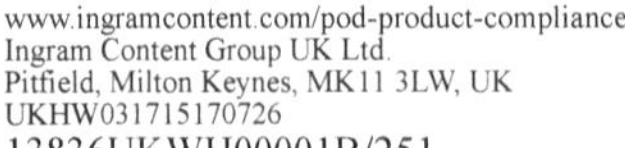

9 782329 600697